kip

poule

haan

coq

kuiken

poussin

eendje

caneton

kalkoen

dinde

ezel

âne

zwaan

cygne

kikker

grenouille

wasbeer

raton laveur

beer

ours

eekhoorn

écureuil

vlieg

mouche

lieveheersbeestje

coccinelle

worm

ver

slak

escargot

naaktslak

limace

bij

abeille

spin

araignée

kever

scarabée

libel

libellule

leeuw

lion

zebra

zèbre

giraffe

girafe

neushoorn

rhinocéros

slang

serpent

mug

🇫🇷 moustique
🇨🇦 maringouin

zeeschildpad

tortue de mer

nijlpaard

hippopotame

alligator

alligator

krokodil

crocodile

haai

requin

walrus

morse

pinguïn

pingouin

ijsbeer

ours polaire

zeehond

phoque

zeester

étoile de mer

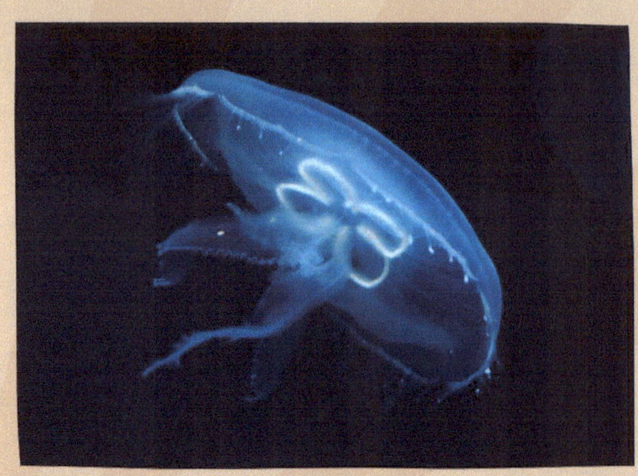

kwal

méduse

schelpen

coquillages

veer

plume

11

elf

onze

12

twaalf

douze

13

dertien

treize

14

veertien

quatorze

15

vijftien

quinze

16

zestien

seize

17

zeventien

dix-sept

18

achttien

dix-huit

19

negentien

dix-neuf

20

twintig

vingt

hart

cœur

ovaal

ovale

pijl

flèche

halve maan

croissant

boog

courbe

spiraal

spirale

kruis

croix

zigzag

zigzag

regenboog

arc en ciel

donkere kleuren

couleurs foncées

lichte kleuren

couleurs claires

stippen

points

lijn

ligne

kort

petit

lang

grand

 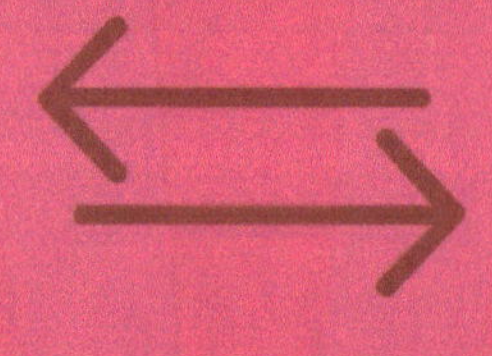 

een beetje

un peu

heel veel

beaucoup

vol

rempli

leeg

vide

gekruld haar

cheveux bouclés

stijl haar

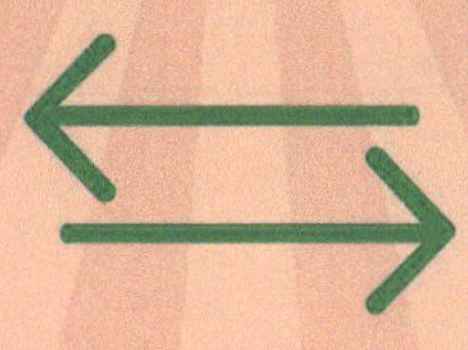

accepteren

accepter

weigeren

refuser

identiek

identique

verschillend

différent

droog

sec

nat

mouillé

speelgoed

jouets

blokken

cubes

bal

ballon

robots

robots

tong

langue

neus

nez

haar

cheveux

snor

moustache

vingers

doigts

arm

bras

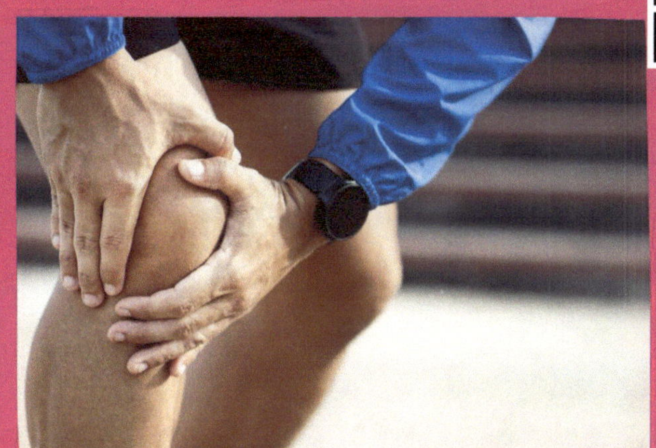

knie

genou

elleboog

coude

glimlachen

sourire

kus

bisou

huilen

pleurer

pijn

douleur

lichaam

corps

rug

dos

speen

🇫🇷 tétine
🇨🇦 suce

kinderstoeltje

chaise haute

zeep

savon

tandenborstel

brosse à dents

handdoek

serviette

potje

🇫🇷 pot
🇨🇦 petit pot

ring

bague

armband

bracelet

halsketting

collier

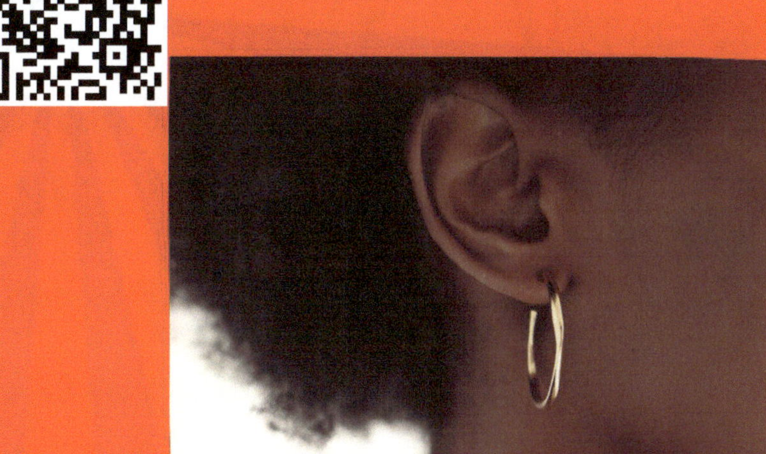

oorbel

boucle d'oreille

chocolade

chocolat

popcorn

pop-corn

jam

confiture

geroosterd brood

tartine

honing

miel

boter

beurre

brood

pain

ijsje

🇫🇷 **glace**
🇨🇦 **crème glacée**

griesmeel

semoule

rijst

riz

pasta

pâtes

soep

soupe

melk

lait

water

eau

sap

jus

kiwi

kiwi

framboos

framboise

grapefruit

pamplemousse

meloen

🇫🇷 melon

🇨🇦 melon miel

pruim

prune

abrikoos

abricot

granaatappel

grenade

vijg

figue

bosbes

🇫🇷 **myrtille**
🇨🇦 **bleuet**

veenbes

canneberge

kaki

kaki

lychee

litchi

fruit

fruits

groenten

légumes

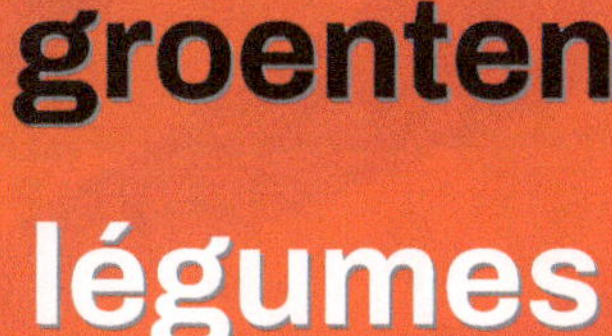

avocado

avocat

sperzieboon

haricot vert

broccoli

brocoli

aubergine

aubergine

erwten

petits pois

paprika

poivron

biet

betterave

sla

andijvie

endive

artisjok

artichaut

prei

poireau

ui

oignon

knoflook

ail

gember

gingembre

walnoten

noix

amandel

amande

pistache

pistache

cashewnoot

noix de cajou